AF308673

SOLUTIONS ANCIENNES DE LA QUESTION SOCIALE

CORPORATION ET PRUD'HOMIE

DES

PÊCHEURS DE MARTIGUES

PAR

FRANÇOIS ESCARD

CORPORATION ET PRUD'HOMIE

DES

PÊCHEURS DE MARTIGUES

Par François ESCARD

Les institutions qui touchent à la marine ont, pour la France, un intérêt de premier ordre. La longue étendue de nos côtes en nous engageant au développement pacifique de notre commerce maritime; l'interruption de cette ligne, depuis le golfe de Gascogne jusqu'à la Méditerranée, en nous obligeant à l'entretien de deux flottes militaires (jusqu'à l'époque où sera admise la création d'un canal propice aux vaisseaux de fort tonnage); enfin, l'alimentation même de la population côtière, et d'une partie considérable de notre population intérieure, tout doit nous attirer vers les études qui ont pour objet les pêcheurs français.

Si la pêche est la plus difficile des navigations, elle en est par cela même la meilleure école ; avant les voyages au long cours et les croisières officielles, le service de la grande pêche et la pêche côtière ont déjà éprouvé et discipliné le rude personnel qui remplit toute la hiérarchie navale ; lorsqu'ils sont appelés à consacrer leurs bras à la défense de la patrie, nos marins ont appris maintes fois, dans le pénible métier qui les a fait vivre jusqu'à vingt ans et qui les maintient au service de l'Etat jusqu'à cinquante ans, à risquer même le sacrifice de leur vie rien que pour la récolte de leurs éléments de subsistance. Aussi Colbert, en instituant le régime de l'inscription maritime par la Grande Ordonnance de 1681, crut-il avantageux de faire établir des primes pour la navigation dans la mer Baltique, et pour la pêche dans les parages éloignés, encourageant ainsi à la plus périlleuse des professions une portion notable de la grande famille française : « afin, disait-il dans ses instructions, d'augmenter le nombre naturel des navires que les Français devraient avoir en proportion de la puissance de la nation, du nombre de ses peuples et de ses côtes de mer ».

Au milieu du désarroi presque complet de nos anciennes mœurs et de notre tradition nationale, les familles qui vivent sur nos côtes se trouvent elles-mêmes atteintes et sont quelque peu ébranlées dans leur habituelle soumission au régime sous lequel elles sont placées. Si elles commencent à en sentir trop vivement le poids, si elles cherchent à se soustraire à des obligations qui leur paraissent maintenant trop dures, combien de grands intérêts peuvent être compromis ! Il semble déjà qu'elles veuillent imiter le mouvement qui porte les populations rurales vers les villes et les centres manufacturiers. Un récent décret (1867) est bien venu alléger les charges qu'elles supportaient et accroître en même temps les privilèges qui en sont la légitime récompense. C'est ainsi, pour en citer les meilleurs traits, que la durée normale du service n'est plus que de six années, avec faculté pour le marin, dans cette période, d'obtenir des congés renouvelables qui lui permettent de pratiquer le cabotage ou la pêche côtière. Après ses six années de service, et quoique soumis à la possibilité d'être requis jusqu'à l'âge de cinquante ans, il ne peut être rappelé que par un décret rendu en conseil d'Etat. En outre, l'institution de la levée permanente permet d'appeler chaque matelot à tour de rôle, au fur et à mesure des retours en France, et laisse une plus grande latitude aux marins pour prendre des engagements fructueux ou commencer quelque entreprise avantageuse ; enfin, les ouvriers des chantiers maritimes ont été affranchis de toute assimilation aux autres hommes des classes, et sont rentrés dans le droit commun, contrairement à la législation qui a précédé le règlement de 1867. Le régime auquel le système des classes et de l'inscription maritime soumet les familles des pêcheurs comporte cependant encore assez de sévérité pour menacer, dans un temps plus ou moins prochain, le recrutement de notre marine de commerce ou de défense par la diminution du personnel au sein duquel elle continue à être prélevée. On peut juger de la rigueur du système par un seul de ses résultats.

S'il est un désir capable de porter l'homme au déploiement de l'énergie la plus durable, n'est-ce point celui qui lui offre en perspective la propriété de son outillage, de son atelier de travail, de son foyer ? Or, le bateau est tout cela en même temps pour le pêcheur ; mais la pratique de l'inscription maritime en rend l'acquisition presque impossible à la plupart des matelots. D'autre part, s'il est plusieurs moyens de rendre féconde l'union des hommes dans le travail et d'accroître leurs forces, pour ainsi dire incessamment, de les garder dans la paix et de leur garantir une prospérité souhaitable, il n'en est pas de plus sûr que la permanence volontaire d'engagements qui attachent les patrons et leurs auxiliaires aux mêmes destinées ; mais la menace constante d'appels réitérés entrave presque partout l'esprit de suite indispensable au commerce, et vient dissoudre périodiquement les liens établis par les relations de voisinage ou la communauté du travail.

Dans ces conditions, les pêcheurs peuvent-ils trouver, par l'exercice intermittent de leur profession, une suffisante rémunération pour tant de soucis et d'efforts ? Nous n'hésiterons pas à répondre affirmativement, pourvu toutefois que des coutumes qui sont bienfaisantes dans certaines régions maritimes viennent à se généraliser. Elles compléteront la protection promise par les lois et en assureront les fruits aux populations qui sauront soustraire courageusement, aux ingérences administratives, les régimes divers qu'elles ont su organiser spontanément pour l'exploitation de l'immense domaine qui leur est dévolu en compensation. C'est un exemple heureux de ces coutumes que nous voulons décrire ci-dessous comme utile à connaître et aussi à imiter.

Malgré leur diversité, les régimes les plus variés, pour la pêche comme pour tout ce qui touche le travail et la propriété, peuvent se ramener à trois formes principales : celle où l'influence d'un patron se fait directement sentir ; celle où une famille a la propriété de son outillage ; celle enfin où plusieurs chefs de famille associent leurs ressources dans un système de communauté. Pour la pêche la forme coopérative entre plusieurs sortes d'intéressés est cependant la plus générale en Europe. « La marine grecque presque tout entière appartient à de véritables associations de propriétaires qui montent leurs navires eux-mêmes ; — une grande partie de la marine norvégienne est dans le même cas, surtout la marine de pêche. — En Hollande, les paysans sont constructeurs et propriétaires de navires : un village aura un bâtiment allant aux Indes. — A Nantes il y a des parts appartenant au capitaine, à l'armateur, au fournisseur, et même aux matelots. Les marins naviguent à la part à Cherbourg[1]. »

Le Play, après avoir étudié ces sociétés en divers pays, a décrit l'une d'elles dans le cadre des monographies de famille[2] et il est arrivé à cette conclusion :

« Ces associations, dont on a signalé l'existence même chez les peuples sauvages de l'Afrique et du Nouveau-Monde, se fondent nécessairement sur des bases très variées, suivant les circonstances économiques au milieu desquelles elles se produisent ; mais à un point de vue général, on peut les considérer comme se rapprochant, par leur but et leur organisation, des différents systèmes de métayage agricole... »

En France, depuis les eaux espagnoles jusqu'à la rivière de Gênes, tout le rivage maritime est exceptionnellement doté de prud'homies établies dans les villes suivantes d'après règlements, arrêtés, lettres patentes, décrets ou ordonnances émises à des dates plus ou moins anciennes. C'est, en Provence : Marseille (1431), la Ciotat (1452), Toulon (1618), Cannes (1723), Cassis (1790), Saint-Tropez (1791), Martigues (1791), Saint-Nazaire (1792), La Seyne (1802), Antibes (1809), Saint-Raphaël (1811), Bandols (1820). D'autres prud'homies

---

(1) Ernest Sageret. *Du progrès maritime, étude économique et commerciale.* Paris, Baudry, 1869, in-8°, p. 245, 341, 384.

(2) Le Play. *Les Ouvriers Européens*, t. IV, ch. IV. *Pêcheur-côtier de Saint-Sébastien.*

sont établies dans les localités du Languedoc et de la Corse, à Banyuls, Collioure, Cette, Agde, Narbonne, Sérignan, Gruissan, Port-Vendres, Leucate, Sigean, Bastia, Ajaccio. Lorsque le roi René approuvait, par les lettres patentes de 1452, le règlement en langue catalane, voté par la communauté des pêcheurs de Marseille le 14 octobre 1431, il ne faisait sans doute que consacrer des coutumes qu'on pourrait historiquement faire remonter à la corporation des utriculaires du Rhône, des premiers temps de l'empire romain. A ce point de vue la prud'homie de Martigues, quoique d'une installation officielle relativement récente, se relie à la coutume ancienne « attendu, comme dit un arrêt de la cour de cassation du 19 juin 1847, que l'institution des prud'hommes pêcheurs de Martigues établie par la loi du 16-20 avril 1791 et maintenue par l'arrêté des consuls du 23 messidor an IX, est régie d'après ladite loi par les statuts de la communauté des pêcheurs de Marseille ». Coutume et législation ont fait, en ce qui concerne Martigues, de ce tribunal spécial et de l'association qu'il administre un des plus intéressants exemples de justice patriarcale, de société mutuelle et de corporation ouverte que la France ait eu la bonne fortune de conserver.

Martigues est chef-lieu de canton dans l'arrondissement d'Aix (Bouches-du-Rhône), à 40 kilomètres au S.-O. de cette ville, et à 8 lieues à l'occident de Marseille. Elle est formée de trois paroisses, séparées par les canaux qui relient les deux étangs salés de Berre et de Caronte : le premier, belle nappe d'eau, « petite mer » intérieure de 17,000 hectares de superficie — c'est l'étendue de la forêt de Fontainebleau, — encadrée dans les dernières poussées des Alpes françaises ; l'étang de Caronte, long vestibule de 6 kilomètres, ouvert devant les vaisseaux de pêche et de commerce de la petite ville, entre deux rangées de collines qui vont mourir aux rivages de la Méditerranée pour y former le port de Bouc ; de là les barques font voile dans la « grande mer » par le golfe de Fos.

Les Prud'hommes, en nombre limité, y sont élus pour un an le jour de la deuxième fête de la Nativité ou lendemain de Noël. Tous les patrons pêcheurs, c'est-à-dire ceux qui possèdent une barque et en même temps pratiquent réellement la pêche, prennent part à l'élection comme électeurs et éligibles. Les prud'hommes nommés doivent avoir quarante ans. Une fois élus, ils ont à « juger toutes les contestations et débats survenus entre les pêcheurs français ou étrangers à l'occasion de leur profession, ainsi qu'en tout ce qui touche à la police de la pêche et cela souverainement, sans forme ni figure de procès ».

Un pêcheur veut-il assigner un de ses confrères, matelot ou patron ? Il met par avance deux sous dans la *boîte de Saint-Pierre*, placée à cet effet dans la salle du prétoire, et charge ainsi le garde de la communauté de l'appeler à comparaître le dimanche suivant. Le jour de l'audience, le défendeur met à son tour la même obole dans la boîte ; après plaidoirie familière, le jugement est prononcé en provençal ; la formule est celle-ci : *La leï vous condamno...* et lorsque le garde de la communauté, qui fait fonctions d'huissier, a annoncé à haute voix : *Qué touto barbo d'homé calé, lou prud'hommé va parlar !...* en effet quand ce patron des patrons de Martigues a dit, il n'y a plus contestation.

Le commissaire de la marine (à Martigues c'est un sous-commissaire) est président né de la Prud'homie, dont le plus haut dignitaire porte le titre de premier prud'homme.

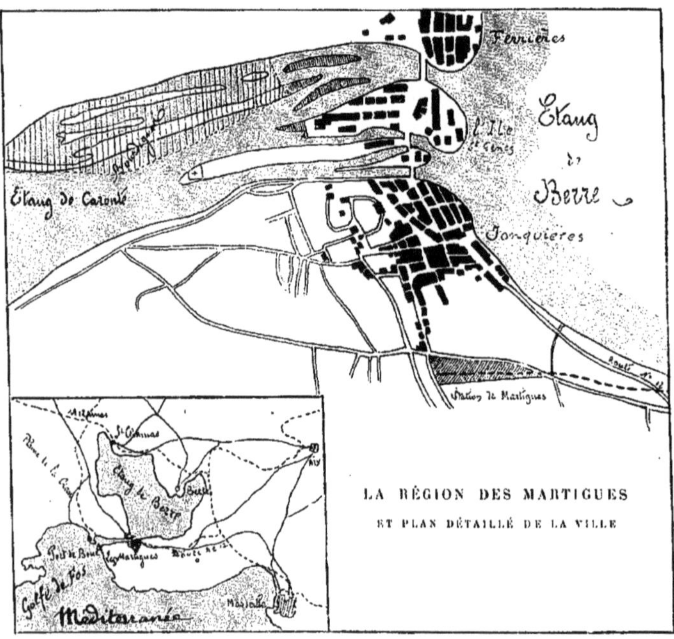

Voici la composition du syndicat de pêche de Martigues avec le chiffre des émoluments annuels de chaque juge :

3 prud'hommes pour Martigues	1er	300 fr.
	2e	250 »
	3e	250 »
1 suppléant.		75 »
1 prud'homme pour Berre		250 »
1 prud'homme pour Carri et La Couronne.		250 »
1 suppléant pour Saint-Chamas.		75 »

Il est pourvu à ces dépenses et à toutes autres concernant la communauté des pêcheurs par des recettes ayant leur source dans leur seule profession.

Comme tous les riverains du golfe de Lyon, les pêcheurs de Martigues exploitent la mer à l'aide de la pêche, sous deux noms : « le petit art », et le « grand art » : le premier en rivière, dans les étangs et en mer, jusqu'à une distance de trois milles du rivage, avec des bateaux de petites dimensions et des filets cependant considérables parfois. La répartition des sections de pêche pour les étangs d'amont et d'aval de Martigues se fait officiellement. Les lieux de calage des filets, par exemple, y sont d'abord marqués par les indices du rivage : un arbre, un rocher, quelque poteau d'amarrage. D'autres signes fixés au large permettent de sectionner les eaux dans le sens d'un bord à un autre ; ces compartiments sont ensuite tirés au sort entre les pêcheurs adjudicataires, à raison de 6 francs chaque numéro dans l'étang de Berre, 2 francs dans l'étang de Caronte, au bénéfice de la Prud'homie. Chacun a le droit d'en prendre plusieurs, et ceux que le sort a favorisés des meilleurs lots les concèdent parfois sur enchères à des prix assez élevés. Il peut être ainsi réparti 4.500 postes environ sur l'étang de Berre et le port de Martigues, l'étang de Caronte et le port de Bouc *intrà*.

Dans le petit art, le produit de la pêche est divisé en cinq parts : une pour le bateau, une pour les filets, une pour le travail du propriétaire des filets, une pour le travail du propriétaire du bateau, une pour le matelot.

Dans le grand art, gros bateaux et tartanes, on va jusqu'à trente parts. D'ordinaire on en fait onze : cinq pour le bateau et les filets, cinq pour l'équipage, une demie pour la communauté, une demie pour la poissarde.

C'est le *grand art* qui donne son caractère professionnel aux pêcheurs de Martigues.

Le grand art se pratique au large, à l'aide d'immenses filets qui ne mesurent pas moins de 900 mètres de développement, y compris les cordages d'attache. Sa pratique comporte l'association de deux tartanes, dirigeant de concert, sous le nom d'attelage ou de *bœuf*, leurs filets réunis en *filet traînant*. C'est une manœuvre difficile, soit que les tartanes, par une course parallèle, maintiennent régulièrement l'écartement du filet qu'elles remorquent, toutes voiles déployées parfois, soit que, pour en élargir ou en resserrer l'angle d'ouverture, elles aient à s'éloigner ou à se rapprocher brusquement. Il est vrai que le passage fréquent du *mistral* sur la région force les matelots de Martigues à devenir d'excellents pilotes ; que la bourrasque est fréquente sur l'étang de Berre, et que les pêcheurs, grands ou petits, s'y apprennent de bonne heure à compter avec les vents contraires et les flots agités.

Au « grand art » correspond toujours un grand déploiement de barques pontées, de tartanes et d'engins manœuvrés ordinairement par douze ou dix-huit hommes et « traînant » au large pour la prise de tout poisson : son domaine commence à trois milles du rivage et embrasse les cinquante lieues qui s'appellent « la planière du golfe » et qui sont circonscrites par une ligne partant du cap de Creus en Espagne pour aller atteindre le cap Couronne au midi du port de Bouc ; au delà sont les « abîmes » [1].

La mise en commun de l'outillage et des bras est générale pour les deux sortes de pêches.

Le partage et les engagements se font à la semaine.

Le poisson de l'une et de l'autre pêche est vendu à la criée, à la halle publique (marché Vivaux) de Marseille, moyennant un droit de 3 ou 4 p. 100, à payer au fermier ou facteur du marché, et de 5 p. 100 à la représentante du pêcheur marchand ; l'encaissement du produit est réalisé par le trésorier de la corporation des pêcheurs, banquier de Martigues, qui reçoit, pour cet office, un petit intérêt sur les sommes perçues.

Martigues possède cependant une halle où sont vendues toutes les espèces inférieures, fragiles, ou surabondantes, que l'on n'envoie pas au grand marché [2].

Une entreprise, connue sous le nom de « pêche au bourgin », a créé d'autres nombreuses sociétés de pêche : tout au long du golfe de Fos et jusqu'aux portes de Marseille, on peut voir, à chaque heure du jour, des escouades de cinq ou six hommes s'éloignant du rivage sur deux ou trois bateaux légers ; ils disposent, dans l'intérieur des limites légales, de longs filets autour d'un espace déterminé, puis, retournant à terre, ils tirent ensemble le piège souvent chargé d'un produit abondant qu'ils se partagent dans les proportions convenues.

La « ceinge » (*cingere*, entourer) réunit souvent, pour une saison, jusqu'à trente pêcheurs et une vingtaine de barques en vue de la capture des poissons émigrants, sardines, maquereaux et thons qu'il s'agit d'atteindre dans leur marche, d'envelopper d'un rempart de mailles innombrables et de garder ainsi comme dans un vivier maritime jusqu'au jour de la vente, dont le prix est partagé entre tous les pêcheurs. Autant de formes de contrats, de liens passagers ou durables entre les collaborateurs.

La Prud'homie, qui les résume tous, les protège et les régit à la fois comme association de patrons pêcheurs et comme juridiction spéciale.

Considérée comme association corporative de secours mutuels, la Prud'homie constitue, avec les cotisations relatives à la location des sections des étangs, avec un prix d'abonnement des tartanes et le payement de la teinture des filets, une caisse d'assistance sur laquelle elle sert des pensions à ses membres d'après un règlement qui, suivant l'âge, élève progressivement le montant du subside, et diminue de même la quotité des diverses contributions.

(1) Voir Ch. Lenthéric. *Les villes mortes du golfe de Lyon*, pl. I, chap. III.
(2) Le partage du poisson pêché par chaque équipage pouvait autrefois être fait « après affiche », par un employé de la Prud'homie, moyennant 50 centimes par barque ; il est opéré aujourd'hui directement par les patrons.

Une barque du grand art paie, par **an**, à la Prud'homie, 100 francs pour le bateau, les hommes et le mousse. Chaque patron de barque non pontée paie

Etang de Caronte et sortie sur le golfe de Fos
(D'après un document de l'auteur.)

un abonnement annuel de 18 francs (12 francs pour lui-même, 6 francs pour la barque), et autant de fois 12 francs en plus qu'il emploie de matelots ; pour un mousse, 6 francs : tout membre de la Prud'homie lui verse ainsi 12 francs par an pour sa cotisation, en outre de ses abonnements selon l'équipage. Les vendeuses de poisson à la halle des Martigues paient une somme de 50 centimes pour 100 francs qui entre aussi en caisse pour la communauté. Au titre de l'année 1879, la Prud'homie avait eu à percevoir pour abonnements (non compris les droits de teinture et de lotissement des étangs) :

	Bateaux.	Francs.
Martigues et la Mède	823	10.400
Berre et Marignane	58	1.094
Carri et La Couronne	55	1.886
Saint-Chamas	30	641
Bouc	19	354
	985	14.375

Le patron, qui a dépassé l'âge de soixante ans et qui navigue seul, ne paie plus pour lui et sa barque que 15 francs ; à soixante-dix ans, 12 francs. Après vingt-cinq ans de pêche chaque patron de cinquante ans reçoit de la communauté une pension de 15 francs par trimestre ; à soixante ans, cette pension est de 20 francs. Leur veuve continue à toucher une allocation de 40 francs par année. Les dépenses de la Prud'homie pour 1879, dont le total s'élève à 26.657 francs, non compris les dépenses de l'atelier de teinture, signalent :

68 pensionnaires à	80 fr.	5.440 fr.
104 —	60 »	6.240 »
6 secours viagers (veuves) à	72 »	442 »
29 veuves à	40 »	1.160 »
207		13.282 fr.

La caisse de la Prud'homie avait perçu en 1878, amendes et tous droits compris, 32.633 fr. destinés à faire face à ces différents frais.

Le tribunal de pêche a été reconstruit, en 1865, aux frais de la Prud'homie, et les emprunts qu'elle avait contractés à cet effet ont été liquidés en 1875.

Comme tribunal, elle juge, en dernier ressort, tous les conflits qui s'élèvent à l'occasion de la pêche. Elle en a réglé l'époque ; selon les saisons, elle en détermine les emplacements ; selon les espèces, elle fixe le choix des filets ; elle maintient en un mot l'exploitation de la mer sous une réglementation protectrice et sait même quelquefois soumettre heureusement les pêcheurs au principe de la responsabilité collective.

Il y a vingt ans, un capitaine de barque, rentrant au port de Bouc, fit brèche dans un filet de grand prix ; il s'agissait, je crois, de 2.500 francs au moins. La Prud'homie ouvrit une enquête ; impossible au capitaine de payer. Quand il fut prouvé qu'il n'y avait pas faute de sa part, elle le déclara quitte de toute indemnité, mais elle décida que le prix des dégâts serait intégralement couvert par tous les patrons de barque. Ce jugement à la Salomon ne rencontra pas un seul récalcitrant.

C'est ainsi qu'ils montrent la préoccupation constante de simplifier la procédure, de juger sans « escripture n'y appeler d'avocats et procureurs », comme le leur prescrivaient les lettres patentes et leurs institutions. Ils ont poussé si loin cette opposition à l'esprit légiste qu'au commencement du xviiie siècle, la proposition leur ayant été faite d'imprimer leurs coutumes, ils l'ont repoussée par ce motif que « ces lois étaient gravées dans leur mémoire ; qu'ils se les transmettaient de père en fils, et qu'ils tenaient à empêcher les procureurs et la chicane de s'introduire dans leur tribunal ». Le dernier décret qui a réglementé la pêche côtière a maintenu les prud'hommes pêcheurs, par son article 17, en leur confirmant le droit « de connaître seuls, exclusivement, sans appel, revision ou cassation, de tous les différends et contestations entre les pêcheurs, survenus à l'occasion de faits de pêche, manœuvres et dispositions qui s'y rattachent dans l'étendue de leur juridiction ».

La Prud'homie tranche, en moyenne, 150 litiges par an, et rend ses arrêts gratuitement ou peut s'en faut ; car, d'après les émoluments qui lui sont alloués, les frais de chaque affaire s'élèvent environ à 10 fr.

Pour qui s'étonnerait des pouvoirs que la Prud'homie tient de la coutume, je répète donc qu'ils lui ont aussi été reconnus par l'Etat. La réglementation la plus moderne en est le décret du 19 novembre 1859, qui a fourni à M. Ch. de Ribbe l'occasion d'une étude complète sur les prud'homies des côtes de la Méditerranée [1].

Aux temps anciens, où les eaux dont l'étang de Berre s'alimente incessamment par les apports de l'Arc de la Touloubre ne s'écoulaient pas aussi aisément

---

(1) C. f. *De la juridiction des Prud'hommes-pêcheurs de la Méditerranée*. Discours prononcé le 3 novembre 1857, à l'audience solennelle de rentrée de la Cour Impériale d'Aix, par J.-C.-M.-G. Du Beux, Procureur général. — Aix, F. Vitalis, 1857, in-8°.

que de nos jours vers la Méditerranée, elles avaient fait, du détroit où devait s'établir Martigues, une sorte de courant limoneux impraticable, nommé par les géographes grecs le Cœnus ou Bourbier. C'est ce marécage que, sous la direction persévérante des ouvriers apostoliques envoyés par l'évêque d'Aix, les pêcheurs ont, de siècle en siècle, transformé, et, par des canaux et des terrassements, relevé en terre-pleins solides qui forment maintenant les trois quartiers de la ville : Jonquières et Ferrières sur les deux rivages sud et nord des étangs ; l'île de Saint-Genez entre les deux. A présent, bordés de quais et de maisons teintés à la vénitienne de nuances variées, dont l'image va fleurir les eaux, ces bords ont un aspect charmant des plus gracieux. Quand, au matin, les petits flots de l'étang de Berre se réveillent aux feux du levant qui ne va pas tarder à l'envelopper de lumière ; que la silhouette çà et là brillante de ses

ÉTANG DE BERRE, RIVE DROITE
(D'après un document de l'auteur.)

trois clochers s'y profile en tremblotant, et que l'aile blanche des voiles latines y voltige dans tous les sens au-dessus des barques qui vont relever les filets, on dirait une petite Venise occidentale sortant de ses lagunes dorées par les premiers rayons du jour. A la regarder à l'inverse, du côté de l'étang de Caronte, sous la lumière empourprée du couchant, dans le mouvement entre-croisé des caïques qui rentrent, apportant le poisson des tartanes, ou retournent à Port-de-Bouc avec les provisions du lendemain pour les matelots, c'est un coin du Bosphore même que l'on croirait voir, un morceau de la Corne d'or.

Les familles qui remplissent ces lieux de mouvement et de vie, mêlant à toute heure leurs costumes et leurs dialectes, ne sont pas dans leur totalité indigènes : elles se recrutent périodiquement, de nos jours, dans trois races principales : la provençale, la napolitaine, la catalane ; l'histoire des origines anciennes de la ville présenterait une non moins grande diversité.

Alors que le pays du Cœnus n'avait encore d'autre nom que celui de Région des étangs, région peu visitée sans doute par les tribus circonvoisines dont la séparait la configuration du sol, il dut être de temps à autre fréquenté par le commerce avancé des nations policées de cet âge ; Phéniciens de Tyr et de Carthage, Grecs d'Europe et d'Asie y faisaient vraisemblablement escale au cours de leurs périples commerciaux ; nous avons au moins la certitude, attestée par documents, du passage et du séjour plus ou moins prolongé des Phocéens dans ces parages, peut-être même avant la fondation de Marseille.

Le christianisme naissant vint aborder sur ces plages lointaines, avec les saintes Maries que le souffle de l'Esprit-Saint poussait vers les Gaules, pour accomplir leur première mission évangélique dans cet Occident encore tout nouveau, mais source abondante de peuples jeunes, quoique les Grecs et les Latins fussent venus mêler leurs colonies à ses familles propres, les derniers, pour former de ces terres gauloises une « Province » qui a gardé le nom qu'ils lui donnèrent d'abord. Puis y passèrent les Barbares, jusqu'aux derniers venus

ÉTANG DE BERRE, RIVE GAUCHE
(D'après un document de l'auteur.)

les Sarrasins qui décimèrent les populations gallo-romaines ; tous, les uns après les autres, ayant laissé dans le pays, avec des monuments en même temps que des ruines, quelque coutume, quelque divertissement ou quelque engin spécial qu'on peut reconnaître au fond des usages contemporains. Comme partout, à ces époques bouleversées, des moines furent appelés à panser ces blessures à restaurer les institutions salutaires et les sages mœurs ; c'est par leurs soins que le premier oratoire fut élevé dans l'île ; que des clans agricoles, appelés sur le rivage de Jonquières, assainirent rapidement ces bords marécageux, dont les limons amoncelés formèrent des îlots, entre lesquels passent et repassent les espèces méditerranénnes, que guettent des pêcheries nombreuses qui depuis, sous le nom de *bourdigues* [1], nourrissent et enrichissent les riverains.

(1) Les Bourdigues ou Bordigues sont des espèces de labyrinthes construits en entonnoir et faits

Au midi Jonquières, point de départ historique de cette petite colonie maritime, en garde les familles les plus anciennes et les notabilités marchandes ; l'île est occupée par les patrons pêcheurs aisés, classe moyenne de la commune ; Ferrières, sur la rive septentrionale du port et de Martigues, se compose principalement des familles qui se livrent pour leur compte à la pêche sur les étangs et des matelots dont on forme les équipages de la pêche côtière. — A Ferrières, sont établies les juridictions de la marine, le sous-commissariat par exemple ; l'Ile a conservé le tribunal des prud'hommes pêcheurs et la mairie ; Jonquières où commence la route de Marseille et d'Aix possède les bureaux de la poste et du télégraphe.

La population qui sans cesse se déverse d'un quartier à l'autre par les quatre ponts de Martigues, et se déclasse pour ainsi dire de bas en haut, de l'une à l'autre paroisse à chaque génération, grâce à la hiérarchie même qui semble s'y être conservée, est restée fidèle à ses origines, c'est-à-dire qu'elle est plus spécialement marinière : l'exploitation de la pêche, dont le produit est de deux à trois millions de francs par an, les transports par chalands aux salines de Caronte et de Berre, à la poudrière de Saint-Chamas et aux fabriques de soude du rivage ; la construction des barques de petit et de grand tonnage et la fabrication des engins, y occupent le plus grand nombre des bras ; quelques familles aisées y ont fourni de hardis capitaines au long cours, au bon temps de la navigation à voiles, « et, selon l'expression de l'un d'eux, la mer est si à fond dans le sang de ses compatriotes qu'il n'est pas d'archipel, de lac ou d'océan où ne soit allée se semer quelque graine de son pays [1] ».

En outre de l'association des matelots et des patrons, et des patrons entre eux, l'association du capital et du travail a produit, à Martigues, une organisation solide où le patronage et la coopération sont unis par une combinaison des plus heureuses et qui doit être décrite ici.

Chacune de ces petites sociétés en participation aux bénéfices a, comme chaque pêcheur isolé, pour intermédiaire de la vente à la halle de Marseille, une poissonnière qui se charge de diriger la répartition de la marchandise aux revendeuses, d'en presser la consommation, d'en faire rentrer le prix, en un mot d'en réaliser les bénéfices moyennant une redevance légère. Plusieurs associations peuvent être et sont, en effet, représentées ainsi par la même *venderice*, comme elles la nomment. Celle-ci est, en d'autres termes, leur banquier, tantôt retenant un petit intérêt du va-et-vient que fait en ses mains

de roseaux tressés en forme de claies. On les cale dans les canaux qui aboutissent de la mer à l'étang de Berre. Les bourdigues doivent être enlevées le 15 mars, époque vers laquelle les poissons passent de la mer dans l'étang pour y déposer leur frai.

(1) On sait que ce fut un Martegau, Gerard Tenque, qui suivait les Croisés, et qui, depuis, a été béatifié, qui eut l'idée d'élever, en Palestine, une hôtellerie pour les pauvres et les malades, et fut ainsi le fondateur des Hospitaliers de Saint-Jean. Rappelons aussi que deux des matelots du *Vengeur* étaient originaires de Martigues.

leurs denrées qu'elle vend, leur argent qu'elle encaisse à la semaine ; tantôt avançant aux pêcheurs pendant ses nombreux rapports avec eux et selon les besoins imprévus, les petites sommes qu'il leur faut trouver quelquefois d'une heure à l'autre pour la réparation d'une avarie, l'acquisition opportune de quelque partie de leur gréement, ou leur subsistance dans la « grande ville » lorsqu'ils y doivent séjourner du matin au soir, par suite de quelque gros temps.

Malgré ces dépenses inévitables, prélevées sur chaque recette, un jour vient où quelqu'un des associés a vu s'accumuler par les soins de sa représentante assez d'économies dans sa bourse pour qu'il lui vienne la pensée d'augmenter son outillage afin d'étendre le champ de ses opérations, ou d'obtenir quelque mode d'association plus avantageux pour lui et sa famille. Si, au lieu de rester sociétaire à la part, il pouvait avoir une barque assez grande pour s'y adjoindre un équipage de filets dont il serait le patron, à raison d'une moitié de la récolte !... S'il le pouvait, il n'aurait plus à délivrer aux hommes de son équipage que leurs parts en nature et, maître de barque, au titre de commandant et de propriétaire du bateau et de ses engins, presque tout le produit de chaque campagne lui reviendrait, partie pour ses avances et son propre travail, partie pour son intelligence à gouverner les hommes qu'il aurait su choisir. Donc il compte à nouveau ses épargnes... mais il lui faudrait trois ou quatre fois plus qu'il n'a, même en hypothéquant sa petite maison de Martigues ou son affût de Carri, ou le cent d'oliviers que sa femme lui a apportés en dot ! Beau rêve à réaliser plus tard ; il l'essaiera à la fin de la saison, après le passage du thon, si l'année a été heureuse.

Chemin faisant, il n'a pas caché ses nouvelles visées à sa correspondante ; elle-même n'a pas attendu jusque-là pour constater ses aptitudes commerciales, sa persévérance et, disons-le aussi, sa bonne chance ; au moment où est venue au pêcheur la pensée de développer son industrie, elle est prête à répondre à ses projets par la proposition d'un autre dessein. « Tu veux être patron d'une grande barque, lui dit-elle : c'est trop tôt, tu le vois bien ; tu devrais commencer par être capitaine de tartane, à mon compte ; tu commanderais comme tu le veux, et tu ne risquerais ton bien que de moitié avec moi. »

Il n'a garde de refuser. Pour tout le monde, patron nominatif sinon réel, il peut retrouver, en outre, dans sa nouvelle position, la plupart des avantages qu'il avait désirés ; il recevra en propre les parts de la barque et de l'outillage et sa répartition comme commandant du bateau ; il prélèvera les petits bénéfices répétés pendant cinquante-deux semaines, auxquels lui donneront droit les avances hebdomadaires d'huile, de vin et de combustibles nécessaires à la subsistance de l'équipage ; enfin il ne se trouverait avoir perdu, en cas de sinistre, que, juste dans la proportion de ce qu'il aura pu avancer au début de son commandement; en attendant, il aura à ses ordres une tartane qui représente un capital de huit à douze mille francs [1].

L'augmentation des quantités vendues par intermédiaire de la poissarde, est en conséquence l'un des premiers objets que celle-ci doit poursuivre dans ses rapports avec les pêcheurs. Elle le fait au moyen du contrat par lequel elle lie son capitaine de tartane, et dans le mécanisme duquel il s'agit à présent d'entrer.

En échange du droit qu'elle lui donne de regarder sa tartane comme son bien propre et d'en user absolument à son gré, la représentante a obtenu du pêcheur deux promesses : il lui assurera le monopole de tout le poisson qu'il pêchera ; il l'autorisera à faire sur la vente une retenue hebdomadaire destinée à amortir

LES TROIS PAROISSES DES MARTIGUES, VUES DE L'OUEST
(D'après un document de l'auteur.)

peu à peu entièrement, si la fortune continue à lui sourire, l'avance considérable qu'elle lui a procurée. Un manquement à la première de ces conditions abolirait tous les autres, du fait même ; on est moins sévère à l'égard de la seconde, que le pêcheur a d'ailleurs un double intérêt à accomplir ; elle l'achemine progressivement vers la propriété réelle de la tartane ; il diminue d'autant, par l'accomplissement de cette clause, le temps pendant lequel il devra payer certaine commission de tant pour cent, confondue avec l'intérêt légitime du capital qui lui a été avancé au nom de sa correspondante.

Le jour du contrat passé par-devant notaire, elle a dit à celui-ci : « Je représente le poisson du patron N*** que voici ; il a besoin d'un bateau, je réponds pour lui de la somme nécessaire ; vous la lui donnerez, ou réglerez avec le constructeur et les voiliers ; il offre en garantie tout ce qu'il a, le futur bateau compris ». Il a quatre, six, huit ans ou plus pour payer : selon la somme néces-

(1)   DEVIS DU PRIX D'UNE TARTANE DE PÊCHE AVEC EMBARCATION (CAÏQUE) ET GRÉEMENT.

Constructeur, 6,000 fr.; — voilure (grande voile, voile de « mauvais temps », 4 focs, voile de l'embarcation), 800 fr.; — filets (3 filets de tartane de 40 à 50 mètres chacun), 900 fr.; — haussières (tirasses) pour le traînage du filet (550 mètres, diamètre 0^m,04, à 1 fr. 60 les 100 kilogr.), 1,000 fr.; — filins en sparterie, ustensiles, ancres, boussole, pavillons, cadres, lest du bâtiment (50 fr.), tonnelets, etc., etc., 300 fr. — Total : 9.000 francs.

Voici, d'après son acte de francisation, les dimensions d'une tartane montée par 12 hommes, le capitaine et son second : longueur, 16^m,73 ; largeur extérieure, 5^m,18 ; hauteur par le milieu, 1^m,90. Volume total, 87^m,15 ; — tonnage, 30 tonneaux 80 cent.

sitée par son entreprise, et selon le temps demandé pour rembourser, un règlement de commission intervient ensuite entre les deux contractants, chez le notaire ; l'usage la fixe à un maximum de 7 p. 100 à prendre sur la vente du poisson faite par la correspondante ; elle est moindre souvent et varie selon le capital emprunté et la latitude accordée pour le remboursement définitif. Au taux le plus élevé, elle représente l'intérêt à 5 p. 100 du capital engagé et des fonds de commission, qui varient de 2 francs à 0,70 p. 100.

Ces stipulations enregistrées, et la tartane remise à son capitaine, celui-ci va de nouveau tenter la mer. Le poisson pris est adressé chaque jour à sa poissonnière ; chaque jour, elle en dresse une liste par poids et qualités, liste qu'elle fait parvenir au pêcheur le lendemain. Quelle garantie a celui-ci d'être fidèlement renseigné ? D'abord, sa propre expérience qui lui permet de savoir presque *de visu* ce qu'il a envoyé à Marseille, rien que par la note du nombre des paniers expédiés ; ensuite, les comptes à intervenir entre la poissonnière et les revendeuses, comptes tenus à jour et qui doivent correspondre exactement aux factures envoyées au pêcheur. Ces factures ne lui parviennent que le lendemain, ai-je dit. C'est qu'en effet, le lendemain seulement, les prix de vente sont acquis. Le compte du pêcheur est établi sur ces résultats, ainsi que la commission prélevée.

La facture qui va lui être adressée avec ce détail est une pièce, on le voit, d'une grande importance pour lui ; elle contient aussi un autre élément d'intérêt : c'est sur ce compte que se trouve noté, au-dessous des prix de vente et de façon à pouvoir être détaché à l'occasion, le reçu de l'amortissement minimum qu'il s'est engagé à faire chaque semaine, et qui marque comme autant de pas vers l'extinction de sa dette et son accession à la libre propriété. En attendant, ces à-comptes rassemblés un à un, puis échangés contre un reçu mensuel ou trimestriel de la représentante, lui permettront, peut-être bientôt, de s'affranchir d'une partie du taux de la commission, si sa bonne étoile lui reste fidèle ; dans le cas contraire, et si quelque malheur venait le frapper dans son travail, il paierait les dommages causés, en remettant ses reçus à la poissonnière, et s'ils ne suffisaient pas, elle ne pourrait se refuser à faire une nouvelle avance équivalente à l'excédent. Ajoutons, pour faire connaître toutes les faces recommandables de ce système, que ce reçu, revêtu de la signature de la poissonnière et détaché du compte du pêcheur, était naguère encore accepté comme valeur courante chez tous les fournisseurs auxquels il avait à s'adresser.

Voilà donc un système équitable qui donne à la question des rapports du salaire et du capital une solution digne d'être méditée et recommandée. D'un côté, l'homme qui veut donner sa vie à une industrie rémunératrice, propre à assurer à sa famille la subsistance et la sécurité nécessaire au développement de sa vie morale, mais qui manque des ressources indispensables pour mener son entreprise à bonne fin ; — de l'autre, un commanditaire qui fournit à cette initiative un outillage, mieux encore, l'atelier même du travail, et son entremise comme vendeur, pour une minime participation aux bénéfices de l'ouvrier. La capitaliste pourrait demander à celui-ci la répartition égale entre eux des produits recueillis ; mais elle sait qu'il risque son existence même dans une œuvre où elle aventure seulement de l'argent : elle n'exige de lui que l'intérêt légal de ses avances, la rémunération de sa propre coopération, et une plus-value proportionnelle aux pertes qu'elle peut prévoir.

La famille d'un patron pêcheur se compose généralement, à Martigues, d'une moyenne de sept personnes, les époux et cinq enfants. Ainsi établie, elle peut retirer de l'ensemble de ses travaux une somme de deux cents francs par semaine sur laquelle le père doit savoir épargner l'entretien de la barque en usage et le prix de la future embarcation. Comptons encore cent francs pour la cotisation annuelle payée à la corporation professionnelle pour une tartane et son équipage ; cinq francs par semaine pour l'assurance de la barque à la société mutuelliste ; six francs par an pour la location d'une section sur l'un ou l'autre étang, car la tartane une fois mise aux mains de ses fils, le père se livre de son côté au « petit art » sur les eaux de

Berre ou de Caroute ; enfin les dépenses domestiques se résumant en chiffres ronds dans ces trois sommes : location ou intérêt de l'habitation : deux cent cinquante francs ; nourriture pour sept personnes : deux mille francs ; vêtements : huit cent cinquante francs.

Aux Martigues, les enfants sont ordinairement nourris par leurs mères. Vers l'âge de cinq ans, les parents commencent à les laisser sortir et jouer ensemble autour des chantiers de construction et des corderies ; à moins qu'avec plus de prévoyance, ils ne les confient à l'asile infantile, où ils passent la plus grande partie de la journée, sexes confondus, entre des claies à jour, comme de petits poussins captifs, mais au grand air du rivage. Un garçon va à l'école à partir de six ans, et il fait sa première communion de onze à douze ans ; bientôt après, il est mousse à bord d'un bateau de pêche, bette ou tartane ; rarement sur les barques de cabotage. A l'état de mousse, l'enfant se suffit déjà à peu près, si sa mère a le soin de prélever une partie de chaque *semaine*, en prévision des besoins urgents, sur la répartition faite par le patron : le mousse est, en effet, nourri de poisson frais sur la barque pendant six jours, d'un dimanche à l'autre ; il y reçoit de plus un salaire variant de 35 centimes à 55 centimes par jour, équivalent dès 2 fr. 50 de pain qu'il doit embarquer avec lui chaque lundi matin. Novice ou « demi-homme » à quinze ans, il peut déjà faire presque ses conditions. C'est l'âge critique du pêcheur, le moment des tentations suscitées par le voisinage de Marseille ; s'il reste sage et actif, il reçoit dès lors *une* part. Soldat de marine à vingt ans, en vertu de l'inscription maritime, il sert trois ans, revient avec quelques petites économies et, plus sérieux, s'il s'est bien conduit, le jeune homme s'attache énergiquement à son état et pense à l'avenir.

Notre matelot libéré s'est donc marié. Qu'il soit fils d'un matelot *à la part*, c'est-à-dire de l'un de ces pêcheurs qui, pour le concours de leurs bras, et quelquefois de leurs filets, reçoivent une portion convenue d'avance sur le produit que le patron de la barque partage avec son équipage, ou qu'il soit fils de patron, sa destinée a les mêmes perspectives. Après avoir fait quelques années de service, à côté de son père, ou sous la direction de quelque patron ami de sa famille, l'âge et l'expérience aidant, il peut aspirer à devenir patron à son heure ; et d'abord il est lieutenant ou second de tartane avant d'avoir trente ans ; dans ce poste, il a de fréquents rapports avec les venderices de Marseille ; qu'une de ces riches marchandes prenne un jour confiance en lui ; qu'elle fasse construire et outiller une barque au nom du pêcheur, dans les conditions décrites plus haut et il devient enfin son tenancier comme capitaine d'une de ces tartanes.

LE PORT, VUE SUR L'ÎLE
(D'après un document de l'auteur.)

Le rôle n'est pas facile. Il exige une humeur laborieuse, une volonté forte et bien éclairée, l'ordre et la prévoyance. Amasser, pour parer à l'usure des filets et de la barque ; préparer pour ses hommes la provision de chaque semaine en vin, en huile, en fagots ; surveiller les arrivages et la vente du poisson ; correspondre avec la venderice, et courir à Marseille pour apaiser un litige ou traiter quelque autre affaire : c'est là un abrégé des mille soins qui incombent à sa vigilance.

Pendant que le mari assure ainsi à la famille, par un travail difficile et régulier, le pain de chaque jour, et qu'il se nourrit, sur la tartane, d'une portion du produit nouveau de chaque heure, sa femme vit à son domicile, soit chez ses parents, soit dans une chambre « achetée », y entretient ou renouvelle les vêtements, fabrique du filet ou confectionne la boutargue, cet exquis caviar provençal fourni par les œufs du muge pressés entre deux planches, puis séchés à l'air ; thésaurise modestement en petites pièces les surplus des parts envoyées par son mari et qu'elle a pu vendre au marché de Martigues ou directement à des particuliers. Un grand nombre de vieux pêcheurs et la plupart des femmes ne boivent pas de vin ; poisson grillé ou bouilli, mangé avec du pain rôti ou trempé dans la soupe à l'huile, c'est là le fond de la subsistance dans presque tous les ménages de pêcheurs ; on en fait même quelquefois le sacrifice, le vendredi, jour où il se vend un plus haut prix à Marseille ; la femme y ajoute, l'été, quelques légumes frais, et pour son goûter, les succulentes pastèques ; le dimanche pourtant « on monte le pot au feu ».

C'est que, ce jour-là, le mari est au logis. Chaque samedi soir seulement, les pêcheurs rentrent régulièrement à Martigues. Ils y passent le dimanche, et dès le lundi, avant le jour, repartent pour Port-de-Bouc. C'est là qu'ils couchent, jusqu'au samedi suivant, à bord de la tartane : le « grand art » le veut ainsi afin qu'au premier vent favorable ils soient appostés pour le saisir. Dès la nuit, si le ciel promet, ils appareillent ensemble pour les premières lueurs du jour ; et, le soir, ou ils ne reviennent qu'à Port-de-Bouc décharger leur poisson, par les vents contraires, ou ils le portent directement à Marseille, ce qui par parenthèse leur épargne, en échange de quelques droits d'abordage, le prix qu'il faudrait payer au « mulatier » pour transporter leur poisson de Martigues au « grand marché ».

L'époux retourné à la mer, la jeune femme reprend sa vie sérieuse ; le matin, le poisson envoyé la veille par le mari a été vendu par elle ou expédié, elle est allée de bonne heure faire sa provision d'eau à la fontaine de Ferrières. Elle fait peut-être quelques conserves ménagères de thon, de harengs, de sardines ou d'olives, puis s'installe à son filet devant sa porte, soit sous les arcades de ce quartier de Brescon qui font ressembler tout un côté de Martigues à Chioggia, la succursale de Venise, soit dans ces pittoresques cours magasins abrités de figuiers, où s'entassent tous les appareils et l'outillage du « grand art » et du « petit art » et d'où l'on voit la montagne de Sainte-Victoire, près de laquelle les Romains de Marius arrêtèrent les Cimbres, et la Sainte-Baume, où sainte Madeleine vint finir sa vie.

Un mode d'existence ainsi déterminé repose entièrement, est-il nécessaire de le dire, sur des habitudes morales élevées, sur les vertus de la famille ; pour suivre la marche ascendante que je viens d'esquisser ici, il faut que le père de famille soit diligent et prévoyant ; la mère, industrieuse et économe ; les enfants, soumis à leur autorité ; on a vu les deux patrons d'un même attelage de tartanes, avec des charges équivalentes, avoir des succès bien dissemblables, et l'on m'a cité une veuve de pêcheur qui a pu élever quatre enfants, payer le capitaine de barque pour remplacer la direction du défunt, et prospérer, tandis que le patron associé personnellement avec sa tartane aux mêmes chances de pêche a périclité pour avoir manqué d'énergie devant les tentations de la dépense et de la représentation.

A ces habitudes de prévoyance, de modeste plaisir et de tempérance, mœurs séculaires et toutes chrétiennes reçues de leurs pères[1], on a vu comment viennent s'ajouter pour les compléter, les maintenir et préserver l'avenir de la plupart des pêcheurs des épreuves réservées à un trop grand nombre des ouvriers de nos villes, les bienfaits de la Prud'homie.

La semaine sainte seule ramène tous les pêcheurs à Martigues pour plusieurs jours ; dès le jeudi soir, les embarcations, tartanes et tartanons, chaloupes et bettes, les voiles repliées, attendant la fin de la semaine de deuil. Le jour de Pâques luit enfin, les « alleluia » se croisent d'une maison à l'autre, et l'on court vers le port. Toutes les embarcations sont pavoisées ; pavillon national, drapeau de mutuelliste, flammes au nom du saint dont chacun a pris le nom, flottent à la brise ; un bouquet de fleurs et d'herbes fraîches pare le haut du grand mât ; mais sur l'une d'entre elles, les cordages eux-mêmes sont fleuris, les voiles piquées de rubans et de festons ; elle est la tartane qui a pêché le plus de poisson pendant le carême qui vient de finir, elle est « la favorite de la Vierge ».

Le radoub annuel des bateaux est encore une occasion pour eux de faire intervenir la religion dans leur vie domestique. Un prêtre est appelé pour bénir chaque barque réparée ; les amis les plus nombreux assistent à la bénédiction et au nouveau lancement de la barque, et des jeunes filles viennent y chanter des chants du pays.

Naguère encore, jamais le pêcheur ne jetait son filet, sans faire le signe de la croix sur lui-même et sur les eaux, et sans dire cette prière : « Notre Père, donnez-nous assez de poissons pour en manger, en donner, en vendre, et nous en laisser dérober. » J'ai la certitude que cette généreuse habitude n'a pas totalement disparu.

En outre des fêtes de chacune des trois paroisses, la Prud'homie a sa fête patronale, la Saint-Pierre, qu'elle célèbre officiellement le 28 juin.

D'autres cérémonies religieuses, entretenues à travers les âges, sont presque chaque mois célébrées par trois confréries de pénitents, acquises de tout temps aux trois quartiers de Martigues, et qui se recrutent surtout parmi les pêcheurs.

Cependant, avec l'amoindrissement général des croyances, ces hommes vail-

---

(1) Jusqu'au siècle passé, ce furent les femmes qui se chargèrent, aux Martigues, du maintien des bonnes mœurs et de la police des vertus conjugales : la femme adultère y était dénoncée par ses amies mêmes, jugée par les épouses et les mères, condamnée et chassée.

lants et sages jusqu'ici ne voient-ils pas quelques menaces se préparer pour leurs maisons, dans un temps plus ou moins éloigné ? Ces mœurs jusqu'ici régulières, se relâchent déjà, en effet, et leurs sages divertissements commencent à être remplacés par des récréations moins nobles. Quelle résistance pourraient opposer leurs institutions mêmes, source d'une si grande sécurité matérielle, si de nouvelles coutumes, nées de mœurs moins austères, venaient les ruiner jour à jour. Une certaine dissipation se manifeste dans les habitudes de la jeunesse ; et, logiquement, un désir de changement s'y fait sentir ; le nombre des cafés s'est augmenté, et le dimanche, les deux promenades, le « cours » de Jonquières et le « cours » de l'Ile se remplissent de consommateurs, parmi lesquels quelques jeunes mères de famille commmençant à venir s'asseoir. La durée des engagements entre patrons et matelots diminue ; ces derniers ne s'attachent guère à un bateau qu'à la semaine, quelques-uns à la quinzaine, tout au plus : signe d'un latent antagonisme. — Plus téméraires que leurs pères, les jeunes patrons ne craignent pas de pousser au large partout, « cherchant bien plus la fortune que le nécessaire et risquant tout chaque fois ». Deux cercles politiques, recrutés surtout d'artisans, il est vrai, sont parvenus à attirer dans leur sein quelques pêcheurs, qui ont osé parfois compromettre dans les enjeux périlleux une partie importante de leurs resssources. Or, les vieillards rappellent qu'une décadence antérieure, qu'ils ont su racheter, avait ainsi commencé pour leur ville, vers 1790. A cette date, elle possédait 7,000 habitants ; mais la corruption des « riches », le mépris des usages antiques, les convoitises malsaines qui naquirent du désordre des temps, avaient commencé à faire descendre le niveau de la population vers une décroissance qui ne s'est pas encore arrêtée [1] ; le bien-être revint toutefois avec la sagesse, et le retour des anciennes familles aux habitudes de bon exemple finit par ramener la pleine prospérité ; à l'aide de leurs capitaux elles ressuscitèrent les vieilles coutumes de patronage, guidèrent les jeunes chefs de maison et développèrent les divers arts de la construction, du cabotage et de la pêche qui donnent l'aisance à toute cette population.

Je voudrais pouvoir ajouter que rien ne menace plus cette prospérité reconquise ; mais des phénomènes naturels, dont il faut bien tenir compte pour essayer d'enrayer leurs dangers, peuvent compromettre gravement aussi le bonheur de la ville de Martigues, par les remèdes mêmes qui seront employés à les détourner. En effet, l'invasion progressive des petites îles que les atterrissements du Rhône projettent à son embouchure, ne viendront-elles pas un jour barrer le petit golfe de Fos ? Or, pendant que l'industrie privée s'ingénie à fournir aux pêcheurs des moyens de porter leurs investigations plus loin des rivages au moyen de la vapeur, d'autre part, l'Etat s'avise enfin que la France possède,

[1] Martigues, qui possédait, en 1861, 5.878 habitants ; en 1872, 5,792 (dont 476 étrangers), n'en a accusé au recensement de 1876 que 4.194. — En 1879, il y avait de 180 à 200 maisons inhabitées ou à vendre

sous le nom de l'étang de Berre, un port intérieur sans pareil, capable de recevoir dans ses eaux les plus gros vaisseaux, et dans lequel, en temps de guerre, les navires trouveraient un refuge à 6, 12 et 20 kilomètres de la Méditerranée ; un avant-projet a même été déposé, cette année, pour la création du canal de Marseille à Berre à travers la Nerthe, qui fera peut-être trop vite des Martigues un « Manchester » et un « Liverpool » tout à la fois.

Que deviendraient, en effet, désarmées de leurs croyances élevées, ces populations simples et primitives encore, au contact corrupteur des ateliers et de leur personnel nomade, et devant l'énervante intrusion administrative ? Et cependant ; le poisson dévie de sa route habituelle, et passe devant le golfe, sans en longer la rive. Il faut aller le chercher plus loin, avec plus de temps, de peine et de danger. Avec la diminution de la navigation à voiles qui avait jadis cinq chantiers à Martigues, — avec le penchant à quitter Martigues pour Marseille, qui s'accentue chez les pêcheurs aisés et les bourgeois, — le détournement des poissons des abords de Bouc et, par conséquent, des étangs de Caroute et de Berre, est une des causes de l'amoindrissement de sa population. Les marins qui vont tenter la fortune à Marseille, ou cherchant des emplois dans l'industrie, sont remplacés, il est vrai, assez vite, par des gens de Naples ou de Gaëte, faciles à contenter, vivant de moules et de coquillages, mais immigrants stabilisés seulement au bout d'une ou deux générations, et qui feront perdre peu à peu à la petite ville son air de grande famille, si les maisons anciennes ne s'y maintiennent pas respectées et bienfaisantes comme autrefois.

Heureusement que l'autorité des pères de famille, fortifiée par leur régime de succession et la nature de leur propriété — pourrait-il y être jamais question de partager la barque ou de la vendre ! — maintient encore dans les maisons des pêcheurs une étroite et durable solidarité. Elles sont restées, en général, fidèles à la coutume et dociles à la prescription de la Loi divine, qui veut que les parents soient honorés. « Quand la Prud'homie a parlé, c'est un dicton local, toute barbe d'homme s'incline. » De même, dans les familles, quand le père a prononcé : « Ceci est à toi ! — Ceci est à l'autre, dira-t-il à ses enfants », réglant l'attribution de son héritage ; et nulle protestation ne s'élèvera du côté des frères ni des sœurs.

Aussi, les promoteurs d'un « *premier Congrès national de la pêche côtière tenu à Marseille du 23 au 27 avril 1893* » s'avisèrent-ils de proposer la réforme du Règlement des Prud'homies qui exige l'âge de quarante ans pour être élu prud'homme et de faire descendre à trente ans la condition d'âge, espérant sans doute créer ainsi un antagonisme entre jeunes et vieux ; de plus : « considérant que les Communautés de pêcheurs, dénommées sous le nom de Prud'homies, ne sont que de petits États dans l'État, que cette vieille institution est un vieux reste de la féodalité et a une origine remontant à plusieurs siècles ;

« Le Congrès national de la pêche côtière émet le vœu que les Prud'homies soient supprimées, et que le gouvernement applique à ces communautés la loi de 1884 sur les Syndicats. »

Je me permettrai d'émettre, en faveur des Syndicats, le vœu absolument inverse ; qu'ils puissent — comme dans les Prud'homies, voir leurs membres jugés par leurs seuls pairs ; que, à l'exemple des Prud'homies, les Syndicats aient la faculté de posséder selon leurs besoins professionnels, — on a vu qu'à Martigues la Communauté est propriétaire du bâtiment de la Prud'homie ; — je souhaite en outre que les Syndicats aient les moyens d'organiser leur service de pensions, avec la même sécurité que les Prud'homies de la Méditerranée.

J'émets surtout le vœu pour les Syndicats, comme pour mes amis de là-bas, qu'ils se souviennent bien que le lien des intérêts matériels n'a jamais suffi pour rendre durable une société, soit petite, soit grande, et répétant le conseil d'Emerson, en le modifiant un peu à leur usage, je leur dirai : « Si tu veux bien naviguer ici-bas, attelle ta barque à une étoile. »

François ESCARD.

ÉVREUX, IMPRIMERIE DE CHARLES HÉRISSEY

Extrait de la Revue Générale Internationale, Scientifique,
Littéraire et Artistique.

(Juillet 1896.)

PARIS. — *Hôtel des Sociétés savantes*, 28, RUE SERPENTE

9 782019 673413